Maroodi Mataxadare ah
Iyo
Gooryaan Dhuleed Qabiid ah

By
Omar Dini

Mahadnaq

Marka hore waxaan mahad kal iyo laab ah u hibaynayaa Awad O Dini. Awad waxuu iga caawiyey qaabeynta jaldiga buuggaan, sawirada gudaha iyo suuq geyntiisaba. Wuxuu kaloo qabeeyey and dhisayna mareegtayda gaarka ah halkaasoo laga heli karo buuggan iyo buugaagtayda kale.

Haddaba anigoo ka faa'iidaysanaya fursadan, waxaan si weyn ugu mahadnaqayaa Awad taageeradiisa aan xadka lahayn iyo garab istaaggiisa waayihii aan halganka ugu jiray isku dubaridka qaybaha kala duwan ee buuggaan loogu talogalay akhriska iyo maaweelada carruurta.

Awad wuxuu had iyo jeer u taagnaa siduu ii tiirin lahaa mar kastoo aan la liico culayska shaqada. Isaga la'aantiisna ma soosaari lahayn buuggaan, sidaas darteed amaal ayaan uga hayaa taageeradiisa shuruud la'aanta ah.

Copyright @ Omar Dini, 2025

Qore: Omar Dini

Buuggaan waxaa markii koowaad lagu daacay Ingramspark 2025.

Xaquuqda buuggaan waa in loo aqoonsado Omar Dini inuu yahay qoraha buuggaan sida isaguba halkan ugu caddeeyey inuu yahay qoraha si waafaqsan qaybaha 77 iyo 78 ee sharciga xaquuqda qoraalada, Naqshadeynta iyo milkiyad siinta ee soo baxay 1988. Dhammaan xaquuqda buugani waxay u gaar tahay qoraaga, Omar Dini. Ma jirto qayb ka mid ah oo lagu keydin karo qalab dib looga soo saari karo, lamana qaybin karo, mana la daabici karo iyadoon ogolaansho qoraal ah aan laga haysan qoraha.

Buuggani wuxuu ku jiraa CIP Catalogue waxaana laga heli karaa British Library

Paperback: ISBN 978-1-7395982-7-3

Ebook: ISBN 978-1-7395982-6-6

Tani waa sheeko la alifay. Dhammaan magacyada, jilayaasha, meelaha iyo dhacdooyinkuba waa wax ka yimid malo-awaalka qoraaga ama waa wax la abuuray. Wixii qof nool ama mid dhintay ay ka shabahaan waa isku ekaansho lama filaan ah.

Qoraha Sheekada

Qoraaga sheekada Maroodi Mataxadare ah iyo Gooryaan Dhuleed Qabiid ah, Cumar Diinii, waa tarjumaan, qoraa iyo bare ka shaqeeya kuna nool dalka Boqortooyada Ingiriiska. Wuxuu ku dhashay kuna koray Soomaaliya. Intii uusan imaan Ingiriiska wuxuu kasoo shaqeeyey Muqdisho isagoo ahaa saxafi iyo aasaasihii wargeyska Qaran oo mar ahaa wargeys maxali ah oo aad loo akhristo. Cumar wuxuu shahaadada BA degree ee qoraalada iyo saxaafadda ka qaatay jaamacadda Middlesex University, kadibna wuxuu shahaada Post Graduate Certificate in Education (PGCE) ee macalinnimada ka qaatay Birmingham City University. Wuxuu horay u qoray labo sheeko oo kala ahaa Amiiradda iyo Tuugadii Badda Cas, and Shabashab.

Maroodi Mataxadare ah Iyo Gooryaan-Dhuleed Qabiid ah

Waa hore waxaa jiray maroodi mataxadare ah oo xayawaanno kale kula noolaa agagaarka balliga Bu'aale oo ah bali weyn oo ku yaal Geeska Afrika. Maroodigaan magaciisu wuxuu ahaa Maroojiye kamana fiirsan jirin wuxuu samayn doono. Subaxii, wuxuu aadi jiray kayn cufan oo baliga udhow. Dibadeed inta geedaha maroojiyo oo dhulka dhigo ayuu caleenta cagaaran iyo miraha ka cuni jiray. Galabtii markuu caloosha buuxsado wuxuu aadi jiray baliga siyuu biyo uga soo cabo ama ugu qubaysto.

Markuu biyaha ka dhergo oo qubaysto wuxuu ku noqon jiray kaynta si laamo cagaaran, caws iyo miro markale uga soo cuno, ama wuxuu ku nasan jiray bar leh carro jilicsan oo baliga u dhow. Barta carrada jilicsani ma ahayn meel Maroojiye u gaar ah. Balse waxay kaloo ahayd halka shirarka xayawaanadu sanad kasta ka dhacaan. Shirka xayawaanadu wuxuu ahaa muhiim laba sababood dartood.

Waatan koobaade waxay xayawaanadu kaga hadli jireen dhibaatooyinka deegaankooda ka jira iyo gefafka ay iyagu isku geystaan. Waatan labaade, waxay kaga tashan jireen dadka dhulkooda soo gala ama dila qaar agaya ka mid ah.

Nasiib daro kulamada laysugu yimaad intooda badan Maroojiye waxaa lagu eedeyn jiray inuu si taxadar la'aan ah u dhibaateeyo degaanka iyo xayawaanada kale. Sanadkii hore shir xayawaanadu ay yeesheen waxaa lagu eedeeyey inuu dumiyey godad iyo guryo xawaanada yaryar ay leeyihiin. Shimbarta Baqbaqaa oo wakiil ka ah shimbiraha kale waxay shirkaas ka sheegtay in Maroojiye xiddida u siibo geedaha shimbirihu buulasha ka samaystaan. Lo Gisi xanaaqsan oo isna hadlay wuxuu sheegay in Maroojiye oo isticmaalaya gacantiisa xoogga weyn inuu dhirta jabiyo, kadibna ku gooyo jidadka xawaanada kale maraan.

Wuxuu dalbaday in Maroojiye degaanka laga cayriyo hadduu joojin waayo dhibaatada uu sameynayo. Xayawaan kale oo isna shirkaas ka hadlay wuxuu ahaa eey. Eeygaas oo caraysan wuxuu ku wohwahleeyey in Maroojiye uu haleeyo biyaha baliga. Wuxuuna dalbaday in laga saaro degaanka xawaanadu ku nool yihiin hadduu dhibka deyn waayo.

Markii midkastaa ka hadlay dhibka Maroojiye geysanayo, ayaa Mudane Wiyil oo ah guddoomiyaha xayawaanada kunool agagaarka Balliga Bu'aale wuxuu ku qayliyey, "Maroojiye, ma samaysay waxyaabahan lagugu soo eedeeyey?"

"Anigu maalintii hawdka cunto waan u doontaa, baligana biyo waan ka cabaa, waana ku qubaystaa markii kulayl jiro. Waxaasi ma dhib laga cawdaa?" Ayuu ku jawaabay maroodiga mataxadaraha ahaa.

Mudane Wiyil ma jeclaysan jawaabtiisa. Waxuu isagoo xanaaqsan markale ku qayliyey, "Hayska yeelyeelin inaadan ogeyn dhibkaad u geysatay saaxiibadeena yaryar iyo degaanka. Jooji waxyeelada aad samaynayso. Haddii kale waan kaa saaraynaa dhulkeena."

Maroojiye ma rumaysnayn inuu qaldan yahay. Wuxuu si caro leh u yiri, "Maxaa mid kastaa aniga ii eedeynayaa markaan cunto u raadsado keynta ama baliga biyo u doonto?" Waana iska tegay.

Nasiib darro, dhowr toddobaad kadib maroodigaan mataxadaraha ahi wuxuu ku joogsaday god jiir, waana dumiyey. Haddana got bakayle ayuu saxaro weyn afka kaga owday. Waxuu kaloo burburiyey buulal shimbiro leeyihiin. Dudun quraanyo degan tahayna dhulka ayuu la simay. Dibadeed xawaanadii dhibaatadu ku dhacday ayaa u dacwooday guddoomiyaha xayawaanada.

Guddoomiye Wiyil aad ayuu u xanaaqay markuu maqlay waxa dhacay. Wuxuu shir degdeg ah isugu yeearay dhammaan xayawaanada degaankaas ku noolaa. Markay xayawaanadii kusoo ururreen barta shirarka lagu qabto ayaa Guddoomiye Wiyil bilaabay inuu ka warbixiyo wixii dhacay.

Wuxuu yiri, "Maroojiye wuxuu burburiyay godadkii jiirarka. Waxuu saxaro weyn afka kaga owday god bakayle. Wuxuu dumiyey buulal shimbiro uga dhisnaa dusha geedo uu dhulka dhigay. Wuxuu kaloo dumiyey dudun quraanyo degan tahay. Maxkamadda Xayawaanadu waa inay wax kaqabato dhibaatada Maroojiye geysanayo."

Xaakinka Maxkamadda Xayawaanadu wuxuu ahaa libaax waxaana kalkaaliyeyaal u ahaa dawaco, goroyo, uunrays, booloboolo iyo mas. Xaakin Libaax si quman ayuu u fariistay intuusan hadlin. Wuxuu ruxay gastiisa waana guuxay siyuu u muujiyo awooddiisa. Kadibna wuxuu yiri, "Dhibanaha koowaad fadlan istaag oo si sax u sheeg waxa kugu dhacay."

Bakayle ayaa kacay wuxuuna yiri, "Maroodigaan nacaska ahi wuxuu xaar weyn ku owday iridka godkayga. Aniga iyo qoyskaygu maalmo badan dibadda uma soo bixin." Maarkuu intaas yiri Bakayle waa fariistay.

Dibadeed Xaakin Libaax ayaa ku qayliyey, "Dhibanaha labaad istaag oo sheeg waxa kugu dhacay."

Dooli ayaa istaagay wuxuuna si caro leh ugu jiiqjiiqleeyey, "Maroodigaan mataxadaraha ahi wuxuu cagahiisa u wareegsan sida faraati weyn ku burburiyey gododkeena." Markuu intaas yirina waa fariistay.

"Yaa kale," ayuu Xaakin Libaax yiri.

Quraanyo duq ah ayaa kasoo dhex baxday koox quraanyooyin ah waxayna ku fisfisleyday, "Maroodigaan mataxadaraha ahi wuxuu ku hiigtay dudun guri noo ahayd, wuxuuna la simay dhulka. Xaakin waan in wax laga qabtaa madoorigaan mataxadaraha ah."

Markii maxkamaddu dhegaysatay dhammaan eedaha loo haysto Maroojiye ayaa Xaakin Libaax yiri, "Maroojiye, ma samaysay dhammaan dembiyadaan xun xun ee lagugu soo eedeeyey?"

Maroojiye waa staagay. Wuxuu kor u taagay gacankiisa dheer wuxuuna ku jawaabay, "Waxaas waan samayeeyey, laakiin ulama jeedin inaan shaqsi ku dhibaateeyo."

Maroojiye oo weli hadlaya ayaa eey ku Wohwohleeyey, "Maroojiye waxaad tahay nacas maanlaawe ah. Markasta waxaad si taxadar la'aan ah u burburisaa guryaha xawaanada yaryar iyo dhirta. Raadso meel kuu gaar ah."

"Eeyahow nacaska ahi aamus. Hayga qasin Makamadda," ayuu Xaakin Libaax si caro leh ugu qayliyey. Kadibna wuxuu eegay dhanka Maroojiye wuxuuna yiri, "Maroojiye, ka raali ahow wahwahda eeyga. Wado hadalkaaga. Sheeg waxaad isku difaacayso intaan maxkamaddu go'aan kaa gaarin?"

"Haye, Xaakin," ayuu yiri Maroojiye oo eegaya wejiyada murugaysan ee xayawaanadii uu dhibaateyey.

Waa run inuu Maroojiye ahaa mataxadare, laakiin maahayn mid qalbi xun. Wuxuu ka xumaaday dhibaataduu u geystay xayawaanada yaryar iyo degaanka. Ilmo ayaa indhihiisa iskusoo taagay. Wuxuuna si naxariis leh u yiri, "Saaxiibayaal waan ka xumahay inaan mataxadare noqday. Dhammaantiin waan idin jeclahay, dhulkaanna waan jeclahay. Fadlan, icafiya."

Intaas markuu yiri ayaa Xaakin Libaax iyo shantiisa kalkaaliye madaxyada isla galeen si ay dacwadda maroojiye go'aan uga gaaraan. Waxay iyagoo ku hadlaya luqadda duur joogta ka doodeen wixii lagu xukumi lahaa maroojiye. Markay in muddo ah doodayeen ayaa Xaakin Libaax madaxa kor u qaaday wuxuuna ku qayliyey, "Maroojiye waxaad muujisay inaad ka xuntahay dhibka aad u geysatay xayawaanada kale iyo degaanka. Waxaad ka qoomamaysay qaladkaad gashay. Maxkamaddu waxay go'aansatay in markaan lagu cafiyo, laakiin haddii aad joojin weydo taxadar la'aanta oo qalad kale gasho, dhulkeena waan kaa saaraynaa."

Maroojiye waa ku farxay in la cafiyey. Wuxuu balan qaaday wixii maalintaas ka dambeeya inuusan qalad kale galeyn. Nasiib darro waqti dheer kumaysan qaadan inuu dhibaato kale sameeyo. Laakiin markaan isagaa dhib weyn ku dhacay. Labo todobaad kadib, goor subax ah oo hawadu fiican tahay ayuu Majoojiye hurdada ka toosay iyadoo baahi darani hayso.

Wuxuu u hadaafay dhanka hawdka siyuu usoo cuno cuntooyinkuu jeclaa. Ugu horayn wuxuu jidka ka helay geedo leh laamo cagaaran iyo qudaar wanaagsan oo isku meel ka baxaya. Waa isku duwday oo afka ku ritay. Haddana isagoo wax kale sii raba ayuu u dhaqaaqay dhanka geed ayka buuxaan miro bislaaday.

Wuxuu luxay geedkii, waxaana dhulka kusoo daatay miro badan. Gacankiisa dheer isagoo isticmaalaya ayuu urursaday mirihii oo cunay. Maruu mirihii bashuuqsanayo ayuu arkay geed qudaareed qurxoon iyo caws jilicsan oo iskumeel ka baxaya. Waa ruqsaday geedkii iyo cawskii wuxuuna ku ritay afka. Markay cuntadii dhuuntiisa sii dhexmarayso ayuu dareemay wax sida maska oo kale u sibxanaya oo cuntaduu liqay la socda iyo cod fiisfiis... ah oo ka imanaya dhuuntiisa. Waa shakiyey. Dhegta ayuuna raariciyey siyuu si fiican ugu maqlo shanqartaas. Balse wax dheeraad ah ma uusan maqal.

"Waxba maahan waxaasi. Waa dhegahayga," ayuu naftiisa ku yiri, horayna waa usii socday. Wuxuu markale isku duwday laamo cagaaran iyo caws, afka ayuuna ku ritay. Cuntadii isagoo calalinaya ayuu markale maqlay wax ka shiiqshiiq leh gunta hoose ee calooshiisa. "War waa maxay waxaasi? Yaa ku jira calooshayda?" Ayuu ku qayliyey balse looma jawaabin. Inkastuu la yaabay shanqartaas wuxuu markale naftiisa ku yiri, "Waxba maahan waxaasi. Waa dhegahayga," waana iska sii socday. Wuxuu u yimid geedo caleemo cagaaran iyo miro ka buuxaan, wuxuuna ku bilaabay bashuuqsi.

Shanqarta maroojiye maqlay waxay ahayd gooryaan-dhuleed sideed inji jeeda oo ku dhex jiray cawskuu cunay. Gooryaan-dhuleedkaas waxaa lagu magacaabi jiray Qaniine. Markii maroodigu liqay Qaniine wuxuu ku dhexdhacay cunto qurantay, qashin iyo xiddiddo badan oo dhan walba ugu faafsan caloosha maroodiga. Gooryaankani waligiis ma arag meel la mid ah caloosha maroodiga. Wuxuu ku dhexnoolaan jiray xiddidada cawska iyo carro jilicsan oo nadiif ah.

"Uf, meeshani qurun badanaa. Sideen uga baxaa?" ayuu Qaniine isweydiiyey isagoo dhinacyadiisa eegaya. Waa ka xamaartay meesha qurunka badan. Wuxuu kor u raacay derbiga caloosha maroodiga. Muddo markuu xamaartay ayuu joogsaday meel aan ka fogeyn waxyaabaha qurmay siyuu u nasto. Cabbaar ayuu nastay haddana waa sii xamaartay. Wuxuu markale joogsaday bar jilicsan oo ku dhextaal wadnaha maroodiga. Intaa kadib Qaniine oo isticmaalaya afkiisa murqaha kasamaysan wuxuu bilaabay inuu qodo wadnaha maroodiga siyuu dibadda ugu baxo.

Maroojiye wuxuu wadnahiisa ka dareemay xanuun daran. Wuxuu isweydiiyey waxa keeni kara xanuunkaas. Markuu muddo fekerayey ayuu naftiisa ku yiri, "Xanuunkani wuxuu noqon karaa qodax lasocotay cuntadii aan cunay. Waa inaan biyo cabo si ay hoos u aado oo saxarada u raacdo."

Wuxuu aaday baliga, wuxuuna cabay biyo badan si qodaxdu uga fuqdo meesha ay ku dhegan tahay una raacdo saxaradiisa. Nasiib darro xanuunkii ma tegin. Isagoo la yaaban waxa ku dhacay ayuu howdka ku laabtay siyuu cunto dheeraad uga soo cuno. Balse rabitaankii cuntada ayaa ka lumay xanuunka hayey dartiis.

Xaalkiisu wuxuu sii xumaaday maalintii xigtay markaasoo gooryaan-dhuleedkii oo baahday bilaabay inuu dhiig iyo dheecaan badan ka nuugo wadnahiisa. Xanuunku wuxuu gaaray heer aan loo adkaysan karin sidaas darteed Maroojiye waa ooyey. Qaniine oo maqlay oohintiisa ayaa ku fiisfiis leeyey cod aan aad loo maqli Karin, "Haddii aadan u adkaysan Karin xanuunka qaniinyadayda maxaad markii hore ii liqday?"

Maroojiye waxuu maqlay codka naxuuska ah ee ka imanaya calooshiisa. Wuxuu ku qayliyey, "Waryaa hadlaya?" laakiin Qaniine uma jawaabin. Isagoo la yaaban codkuu maqlay ayuu iska baxay, Gooryaan-Dhuleedkii qabiidka ahaana wuxuu ku celceliyey qaniinyadii ilaa Maroojiye markale cabaado.

"Mataxadare, ma dareentay xanuunka qaniinyadayda?" Ayaa Qaniine cod dheer ku yiri.

Maroojiye si fasiix ah ayuu u maqlay codka Qaniine. Wuxuuna hadda rumaystay in wax nooli calooshiisa ku jiraan. "Allaah, noole ayaa calooshayda ku jira. War yaa tahay? Sideed ku gashay calooshayda?" Ayuu ku qayliyey isagoo naxsan.

"Magacaygu waa Qaniine. Waxaan ahay gooryaan-dhuleed aad liqday. Waxaad ila liqday gurigaygii," Ayuu Qaniine ku jawaabay.

"Qaniine, magacaygu waa Maroojiye. Ma doonayn inaan adiga iyo gurigaaga idin liqo. Laakiin si qalad ah ayaad calooshayda ku gashay. Fadlan iga soo bax. Dhib ayaad igu haysaaye," Ayuu Maroojiye ku baryootamay.

"Taasi waa waxaan samaynayo. Isii waqti aan ku samaysto wado aan kaga baxo calooshaada qurmoon," ayuu ku jawaabay Qaniine oo si xun u qaniinaya wadnaha Maroojiye.

"Fadlan jooji qaniinyada. Waxaad goynaysaa xiddidda wadnahayga," ayuu Maroojiye ku calaacalay.

Gooryaan-dhuleedkii qabiidka ahaana wuxuu ku jawaabay, "Haddii aanan qodin jirkaaga sideen kaaga soo baxi karaa?"

Maroojiye waa garan waayey wuxuu ku jawaabo. Cabaar ayuu fekeray. kadibna wuxuu ku jawaabay, "Ma garanayo sidaad iiga soo bixi karto, laakiin..."

"Jooji dhihista "laakiin...laakiin" iyo war aan micno lahayn. Waa inaan shaqadayda wataa intaan ka helayo wado aan uga bixo calooshaada qurmoon," ayuu yiri Qaniine oo qodaya wadnaha Maroojiye.

"Caac, fadlan jooji qaniinyada," Ayuu Maroojiye ku cabaaday. Balse Qaniine uma naxariisan.Maroojiye oo xanuun darani hayo ayaa bilaabay inuu ka fekero dhibka haysta. Markuu muddo fekerayey ayuu go'aansaday inuu gooryaan-dhuleedka ku dhex dilo calooshiisa, kadibna dibadda isaga saaro isaga iyo wixii qashin ah ee calooshiisa ku jira.

Wuxuu aaday baliga. Wuxuu cabay biyo badan kadibadna wuxuu u dhaqaaqay dhanka goobta carrada jilicsan ee baliga udhow. Dibadeed inta seexday ayuu galgashay si gooryaanka iyo wixii qashin ah ee calooshiisa ku jira isugu qasmaan sidaasna gooryaanku ku dhinto. Markuu aad isugu qasay wixii calooshiisa ku jiray ayaa Maroojiye oo aaminsan in Qaniine dhintay ama suuxay halmar siidaayey saalo buuro ah iyo kaadi aan hal fuusto ka yareyn.

Nasiib darro Qaniine sooma raacin kaadidii iyo saaladii uu sii daayey. Wuxuu isku nabay meeshuu ku dheganaa wuxuuna sii watay qaniinyadii iyo qodista wadnaha maroodiga. Maroojiye oo xanuunka u adkaysan waayey ayaa cabaaday, cabaad dheer.

Boolo-boolo ayaa maqashay cabaadkiisa. Waxay usoo carartay dhankiisa waxayna weydiisay, "Maroojiye, maxaad la oynaysaa?" Wuxuu ugu jawaabay, "Waxaan si lama filaan ah u liqay gooryaan-dhuleed wuxuuna qodayaa wadnahayga. Fadlan may caawin kartaa?"

"Waxaad tahay maroodi mataxadare ah. Maxaadan isaga eegin waxaad cunayso," ayey ku canaanatay Booloobooladii.

Maroojiyena wuxuu ku jawaabay, "Ma ogeyn inuu ku dhex jiro cuntadaan cunayey."

Boolo-booladii waxay u dhawaatay maroodiga afkiisa waxayna ku qaylisay, "Gooryaan-Dhuleed, fadlan jooji qodista wadnaha Maroodiga. Ma uusan ogeyn inaad cuntadiisa ku dhexjirto."

"Ma joojin karo qodista wadnahiisa. Sababtoo ah waxaan u baahanahay meel aan ka baxo. Kuma jiri karo calooshiisa qurunka badan," ayuu Qaniine ku jawaabay.

"Gooryaan-Dhuleed, fadlan ha jarin xididada wadnahiisa. Raadso meel kalood ka bixi karto," ayey Booloboolo markale ku qaylisay.

Qaniine oo ka caraysan warkeeda ayaa ku jawaabay, "Ma garanayo si kaloon uga soo bixi karo. Waa inaan hul ka dhex sameeyo jirkiisa si aan banaanka ugu bixi karo."

Booloboolodii wax kalooy tiraah waa garanweyday. Markay cabbaar aamusnayd ayey tiri, "Gooryaan-Dhuleed, magaranayo wax kaloon kugu dhaho. Fadlan isug. Waxaan u yeerayaa xayawaanada dhulkaan ku nool. Waxaa laga yaabaa inay talo fiican ku siiyaan," waana duushay.

Samada ayey gashay iyadoo ku qaylinaysa, "War yawaanadoow dhammaantiin kaalaya. Maroojiye waa dhiban yahay. Gooryaan ayuu liqay. Fadlan isku imaada siyaan u caawino." Dibadeed dhammaan xayawaanadii ku sugnaa dhulkaas ayaa meel kasta kasoo yaacay.

Daqiiqado gudahood waxay kusoo urureen hareeraha Maroojiye. Kadibna Guddoomiye wiyil ayaa ku qayliyey, "Maroojiye, maxaa kugu dhacay."

Maroojiyena wuxuu sharaxay siduu u liqay gooryaan-dhulleedka qabiid ah iyo wuxuu ku sameeyey wadnahiisa.

Guddoomiye Wiyil wuxuu la yaabay gooryaanka ku jira gudaha maroodiga iyo wuxuu ku sameeyey. Wuxuu amray xayawaanadii inay dhaqso uga hadlaan sida lagu caawin karo, Maroojiye.

Sac Gisi ayaa ugu horrayntii hadlay. Wuxuuna yiri, "Ooh, waan ka xumahay inaan sidaan dhaho, laakiin, horta maxaa maroodigaan mataxadaraha ahi u laqay gooryaanka nool?"

"Miyaadan maqal? Wuxuu dhahay ma ogeyn inuu ku dhexjiro cuntadaan cunayey," ayuu guddoomiye wiyil ku jabaabay. Wuxuuna sii raaciyey. "Yaa haya figrad fiican?"

Qofna uma jawaabin. Markii muddo la aamusnaa ayaa gari wareeray qoortiisa dheer midig iyo bidix u wilfiyey, wuxuuna ku qayliyey, "Gooryaan-dhuleed fadlan soo bax. Waxaad dhibaysaa maroodigaan maskiinka ah."

"Taasi waa waxaan samaynayo. Isiiya waqti aan ku samaysto waddo aan uga soo baxo," ayuu Qaniine ku jawaabay.

"Fadlan ha jarin xiddidada wadnahiisa. Raadso marin amaan ahoo aad uga soo bixi karto maroodigan maskiinka ah," ayaa baqbaqaa ku qayliyey.

"Ma garanayo halka laga heli karo marin amaan ah," ayaa Qaniine ku jawaabay.

Kadibna wuxuu bilaabay inuu si xun u qaniino wadnaha maroodiga.

"Caac! Qaniine, fadlan, ii naxariiso. Jooji qaniinyada," ayaa Maroojiye oo xanuun daran dareemay ku cabaaday.

Maroojiye oo ooynaya iyo xayawaanadiiyoo aan garanayn waxay sameeyaan ayaa dawaco u timid waxayna tiri, "Maxaa dhacay? Maxaad meeshaan ugu urursan tihiin?"

Waxay u sharraxeen wixii dhacay. Dawacadiina waxay bilowday inay ka fekerto waxay u sheegeen. Markay muddo fekeraysay ayey u dhaqaaqday dhanka maroodiga. Waxay joogsatay hortiisa waxayna ku qaylisay, "Gooryaan-Dhuleed fadlan hajarin xididda wadnaha maroodiga. Waxaa jira jidad badan oo si sahal ah aad uga bixi karto adigoon qodin wadnahiisa!"

Qaniine ma doonayn inuu kusii jiro caloosha maroodiga. Waa ku farxay markii dawacadu sheegtay inay jiraan jidad sahal. Isagoo faraxsan ayuu ku jawaabay, "Iisheeg mid ka mid ah jidadkaas. Ma doonayo inaan kusii jiro caloosha qurmoon ee maroodigaan."

"Een, waxaad kasoo bixi kartaa marinkuu ka saxaroodo. Aad buu u weyn yahay. Aayar ayaad dibadda ugu soo sulxan kartaa," ayey dawacadii tiri.

"Maya, taasi waa aflagaado. Ma doonayo inaan ka baxo meeshuu ka xaaro ee qurunka ah. Figrad kale ma haysaa," ayaa Qaniine oo hadalkeeda ka xanaaqay ku fisfisleeyey.

"Raali ahow. Haddii aadan dabadiisa kasoo baxayn kasoo bax kaadi mareenkiisa," ayey dawacadii si degan ugu jawaabtay.

"Ma waxaan kasoo baxaa meeshuu ka kaadiyo? Taas kaama yeelayo. Wax kale ma haysaa?" ayuu Qaniine jawaabay markale.

"Haddii labadaas marin aadan kasoo baxayn, waxaad kasoo bixi kartaa afkiisa. Waa marin sahal ah," ayey dawacadii ku tiri Qaniine.

Wuxuu ku jawaabay Qaniine, "Afkiisu amaan maahan. Gowsahiisa qatarta ah ayaa i shiidaya. Jid kale mahaysaa?"

Waxay dawacadii markale ku celisay, "Haddaba haddii aad ka baqayso gowsahiisu inay ku shiidaan kasoo bax mid ka mid ah hulalka dhegahiisa. Waxay leeyihiin daloolo aad ka dusi karto."

Wuxuu ku jawaabay, "Taas kaama yeelayo. Dhukay qurmoon ayey dhegahiisu leeyihiin. Ii sheeg jid nadiif ahoo aan kasoo bixi karo."

"Haddaba kasoo bax sankiisa," ayey dawacadii ku celiday.

"Ma sanka duufka leh. Meeshaas lalabada ah aadi mayo ee wax kale ma mahaysaa?" Ayuu Qaniine ku fiisfiisleeyey markale.

Dawacadii wax kalooy sheegto waa garan weyday. Waxay bilowday inay ka fekerto wax kalooy ku tiraah gooryaan-dhuleedka qabiidka ah. Intay fekeraysay ayaa gooryaankii wuxuu bilaabay inuu maroodigii sixun wadnaha uga qaniino. Maroodigiina wuxuu dareemay xanuun xun waana cabaaday,"Caac, Qaniine, fadlan qaniinyada jooji."

Qaniine wuxuu ku jawaabay, "Adiga ayaa qaldamay. Haddii aadan iliqi lahayn meeshaan ma imaadeen ee adkayso intaan jidaan kaaga baxo ka samaysanayo."

Dawacadii markay muddo fekeraysay ayaa fikrad cajiib ahi kusoo dhacday. Waxay u dhawaatay afka maroodiga waxayna tiri, "Qaniine, fadlan kasoo bax mid ka mid ah jidadkaan kuu sheegay."

Wuxuu ku jawaabay, "Jooji ku celcelinta fadlan...fadlan. Haddii aadan heli Karin marin nadiif ah, anigaa mid ka dhexsamaysanaya jirka maroodiga."

"Qaniine, jooji qabiidnimada. Si edeb leh uga soo bax mid ka mid ah jidadkaan kuu sheegay. Haddii kale waxaan gaarayaa go'aan aan kuu fiicnayn," ayey dawacadii ku goodiday.

"Samee wixii aad awoodo," ayuu ku jawaabay gooryaankii isagoo qodaya wadnaha maroodiga, maroodigiina si daran ayuu u cabaaday.

"Qaniine, sidee u egtahay caloosha maroodigu? Afar xayawaan oo yaryar maku noolaan karaan?" Ayey dawacadii weydiisay.

Wuxuu ku jawaabay, "Calooshiisu waa weyn tahay, dhooqo kululna way ka buuxdaa. Waxayna qaadaa boqolaal xayawaano yaryar ah."

"Haddaba haddaay sidaas tahay waxaan soo dirayaa koox quraanyo ah, shimbaro, dabacaddeeye, xiddig-dhul, doorshaan, rah and mas. Waxay xawaanadani kugula noolaanayaan caloosha maroodiga," ayey tiri.

Markuu maqlay magacyada xawaanadaas iyo in dawacadu usoo dirayso caloosha maroodiga Qaniine waa cabsaday. Wuxuu ku qayliyey, "Maya... maya, fadlan. Hasoo dirin xawaanadaas. Waxay jecelyihiin cunista gooryaan-dhuleedka. Waxay ku dagaali doonaan kan ihor cuniya."

"Haddaba haddii aadan doonayn in xawaanadaasi ku cunaan soo bax hadda. Waxaadna kasoo baxaysaa mid ka mid ah marinnadaan kuu sheegay," ayey tiri dawacadii.

"Waa yahay. Waan soo baxayaa. Weydii maroodiga jidkaan kasoo bixi karo," ayuu si xushmad leh u yiri gooryaankii qabiidka ahaa.

"Maroojiye, jid sii hasoo baxee," ayey dawacadii ku tiri maroodigii.

Markaas ayaa Maroojiye oo geesi noqday ku qayliyey,"Qaniine, waxaan kuu ogolahay oo keliya inaad kasoo baxdo meeshaan ka saxaroodo. Dhaqso usoo bax. Haddii kale waxaan soo fasaxayaa xawaanada dawacadu sheegtay."

Dibadeed gooryaan-dhuleedkii qabiidka ahaa oo wasaqaysan ayaa dibadda usoo baxay. Wuxuuna ku dhacay lugaha dambe ee maroodiga agtooda. Kadibna waxaa farxay dhammaan xayawaanadii waxayna ku qayliyeen, "Waan guulaysannay! Dawaco mahadsanid. Qorshahaagii waa guulaystay." Maroodigii mataxadaraha ahaana wuxuu u mahadnaqay dhammaan xayawaanadii caawiyey, wuxuuna balan qaaday inuusan samayn doonin qalad kale inta noloshiisa ka dhiman.

Sheekadii intaas ayey ku egtahay laakiin waxaa igu waajib ah inaan u digo dhammaan carruurta caalamka ku nool iyo weliba dadka waaweyn. Fadlan ka taxadara waxaad afkiina gelinaysaan iyo waxaad samayn rabtaan. Weligiin ha isku liqina gooryaan, xitaa hadduu ka yar yahay wasaq yar oo ciddida hoosteeda idinkaga jirta.

www.ingramcontent.com/pod-product-compliance
Lightning Source LLC
Chambersburg PA
CBHW041527070526
44585CB00003B/112